JN437366

어머니! 그리고…

어머니! 그리고…

초판 1쇄 발행 2008년 12월 31일

지은이 | 안태옥
펴낸이 | 김태봉
펴낸곳 | 도서출판 띠앗
등 록 | 제4-414호

편 집 | 김주영, 김미란, 박창서
마 케 팅 | 김영길, 김명준
홍 보 | 장승윤

주소 | (우143-200) 서울시 광진구 구의동 243-22
전화 | (02)454-0492
팩스 | (02)454-0493
이메일 ddiat@ddiat.co.kr
홈페이지 www.ddiat.co.kr

값 6,000원
ISBN 978-89-5854-061-8 (03810)

어머니! 그리고…

안태옥 시집

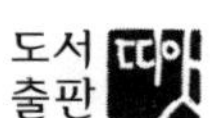

시인의 말

세상에 태어나서 중요한 것이 무엇인가?
나는 그 해답을 얻을 수 없다.
아마 죽는다 해도 그 해답을 얻을 수 없을 것이다.
그러나 가족을 사랑하고 그렇기에 행복하다.
그리고 "시"를 쓸 수 있었던 것에 무엇보다도 감사한다.

어둠, 밝음
슬픔, 기쁨
불안, 평화
불행, 행복
증오, 사랑

나는 아름다움을 추구했지만
아름다움은 언제나
아름답지 않은 것 옆에 놓여 있었다.

처음에 "영의 노래"란 제목의
한 권의 시집을 생각했었다.

영화 '닥터 지바고'에서
"라라의 노래"라는 시 제목을 처음 보았을 때
그 이전부터 생각해 왔던 시집 제목은
확실하게 "영의 노래"가 되었다.
40년이 넘은 그런 시집 이름이다.

살아오면서 어떤 결심을 할 때마다
새로운 출발이라고
내가 가지고 있는 것을 모두 태워버리곤 했다.

어느 날 어머니께서
나의 중고등학교 시절 일기장을 내놓았을 때
그 때부터 나의 시나 일기는
재만을 남기지 않기 시작했다.

시집을 내자고 가족들이 이야기해서
결심을 하고 시를 추렸다.
주제별로 정리하다 보니
양이 많아져서 "두 권으로 시집을 내자"고 하여
이 시집 이름이 탄생하게 되었다.

순전히 분량의 문제로 이 제목이 탄생하였지만
이 시집 제목도 사랑한다.
나의 어린 시절의 사랑은

어머니와 바람이었으니까
지금도 바람이 불지만
예전보다는 훨씬 큰 사랑과 행복을 느낀다.

시집의 제목은 "어머니! 그리고"이고
다음 시집이 나온다면
그것은 틀림없이 "영의 노래"란 시집이다.

시의 내용은
어두움에서 빛으로 나아가고 있다.
"어머니! 그리고"에는
'어머니, 가을에, 어두움, 그리고'가
"영의 노래"에는
'가족, 아름다움, 사랑, 영의 노래'가
실릴 것이다.

한 번도 시인으로 살지 않았지만
사후에는 시인으로 남고 싶다.
직업인으로서 시인이 아니라
시를 사랑하는 사람의 시인으로….

생각하면
직업인으로서 시인을 택하지 않은 것을
다행으로 생각한다.

적어도 마감 날짜가 지나
억지로 시를 쓰지는 않았으니까

“어머니! 그리고”와
“영의 노래”에 실리지 않은 나의 시들도
내가 사랑하는 “시”들이다.
가족이 추린 시에 포함되지 않았을 뿐이지

사실 죽으면 이 모든 것이 다 무슨 소용인가?
그렇지만 만약에 누가
“그 사람 무엇 한 사람이냐”고 묻는다면
시를 쓰다가 죽은 사람이라고 말해졌으면 좋겠다.

안태옥

목 차

Ⅱ 가을에

Ⅲ 어두움

Ⅳ 그리고

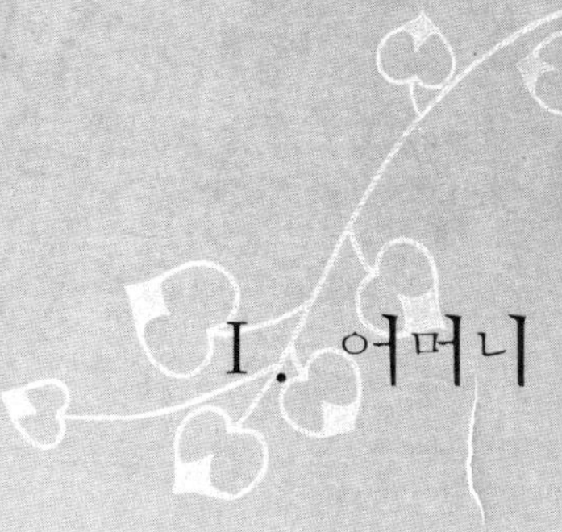

I. 어머니

어머님이 돌아가신 지도 벌써 7년이 지났습니다
생각할 때마다 좀 더 사랑으로 대하지 못한 것 같아 가슴이
아픕니다
때로는 내가 어머님을 사랑하였나 하는 생각마저 합니다
틀에 맞추어 사랑한 것은 아닌지…
그런 생각을 할 때마다
가슴이 멍멍하고
눈물이 나네요

그러나 내가
삶을 통하여
누구보다도 사랑했던 분

나의 자식들도
내가 죽으면
이렇게
가슴이
멍멍하고
눈물이 날까요?

어머니 · 1

먼 길을 떠날 때마다
어머니 당신은 추억
하, 그리움에 밤을 떠나보냅니다

먼 타향에 또 다른 타향
태곳적 숨소리 듣고픈 마음에
스치듯 미풍에 이슬처럼 애처롭소이다

억만년 세월 속에 오직 하나
변하지 않는 진리가 있다면
그건 당신의 성스런 젖줄

이 우주에 그 신비의 성좌들도
어머니! 당신의 사랑 앞에선
그 빛을 잃지 않겠습니까?

어머니 · 2

긴긴 밤을 한허리로 돌아
아 ~ 강물이 흐르고

죽어도 꺼지지 않는 불꽃
세월 속으로 흘러나리고

베개가를 흘러내린 방울방울이
어느 보석보다도 더 영롱하기에

이렇게 커버린 지금도
차가운 밤공기 속에서도 따스하다

그 뉘 있어 생애를 통하여
이 사랑에 더 하리오

여인이여! 한 여인으로서
잉태의 고통 속에서 싹튼 사랑이여

어두운 밤에도 비치는 빛
그 이름 어머니

어머니 · 3

북극성이 거기 있듯이
당신도 그만큼에서 저를 지킵니다

그 인연의 끈이 얼마나 단단하기에
죽음의 세계를 뛰어넘는지

북두칠성이 감싸고도는 그 지점에
언제나 제자리를 지키는 성좌

그 성좌도 세월이 가면 그 자리를 바꾸지만
영겁을 두고도 변하지 않는 빛

밤하늘을 구름이 가리어도 빛나는 별
오! 어머니 당신의 사랑

*아주 예전에 어느 곳에서 본 것인데 지금은 잘 기억이 나지 않지만, 북극성도 1000년이 지나면 0.3도인지 3도인지 그 위치가 변한다던데. 지금 새삼 그것을 정확히 알겠다고 책을 찾아볼 생각은 없고…

어머니 · 4

강물이 흐르다 머무는 곳
그 드넓은 바다

도요새가 날아도 닿을 수 없는 곳
그 드높은 하늘

이 광대무변한 우주 속에서
작은 공간

그렇게 작은 공간에만 계신 분
그러나 그 헤아릴 수 없는 사랑

당신이 속해 있는 공간은 작지만
우주보다 더 큰 소우주

선을 그으며 결국 유성은 떨어지지만
영원을 향한 사추의 나래

많은 모순을 간직하시고도
그 빛나는 사랑

내 삶의 절반은 바람이었지만
절반은 어머니 사랑

우주보다 더 신비스런 세계
어머니! 당신의 사랑

*여기서 '사추'는 '사유(思推)'의 잘못된 한자에 대한 나의 생각

어머니 · 5

자식 생각에
온통
오직
자식 생각에
노구를
그 낡아빠진 육신을

생이 다하는 순간까지
불꽃으로
혼신의 힘을 다해
오롯이
불태우는 사랑

그 노구의 아픔 앞에
아들은 무력하기만 해
어찌하지 못하는
아무 쓸모도 없는
안타까움

죽음이 두려워서도
생에 대한 애착 때문도 아닌
경건한 생의 한가운데서
살아 있는 것이 이렇게 큰 고통인데도
사랑하는 자식 위해
꺼지는 그 순간까지 타오르는 불꽃

어머니 · 6

황폐한 인간의 대지에 한줄기 비
그 단비같이

어두운 인간의 대지를 비추이는 빛
그 빛줄기처럼

세월이 흘러도 변하지 않는 고도
북극의 성좌보다도 더 굳건히

모순은 있을지라도 결코 추하지 않은 사랑
견고한 사랑

삶에 지친 나그네의 마음의 고향
어머니, 어머니!

어머니 · 7

어머니
오늘이 어머니
생신일이신데
아시나요?

당신은 아시나요?
그 곳에서도 생신을 기념해 주나요?

사랑합니다
어머니
나의 어머니

다시는 살아 뵙지 못할 나의 어머니
내가 가장 사랑한 어머니
내 어머니

부 모

빛도 없이
때로는 희망도 없이
외따로이 서 있는 가슴

멀리 있어도
때로는 단절되어 있어도
마음을 채우고 있는 사랑

고향 길

어머니 보고 싶다는 말에
가슴이 찡하는 아픔이 있었다

차창 밖으로 스치는 경치 속에
구름이 화사하게 날갯짓하여
눈물이 핑 돌았다

아! 어머니 당신은
떠다니는 아들 생각에
낡아빠진 헌 책력

여기가 어디인지

오늘이 2월 28일
2월의 마지막 날
참 이상한 마지막 날

여행한다고 기차에 올랐건만
어머님이 아파 누워 계셔서
가슴이 안타깝다

오늘이 가면
내일은 3월이 시작되는데
봄이 오는데
겨울이 지나는데

하늘은 을씨년스럽게 찌푸려 있고
어스름한 회색빛 바람이 분다

기차는 달리고
이네 비는 나리고
대지가 촉촉이 젖어들고
2월의 마지막 겨울비가 내린다

추우리라는 일기예보의 예상과는 달리
비가 내려 차라리 비감한 행복감에 마음이 젖어든다

기차는 조치원, 청주를 지나 강원도를 향하는데
들판이, 산등성이가 그리고 마을이 그림처럼 펼쳐진다

새벽 어머니 꿈에
어머니를 데리러 온 의할아버지, 외할머니를 보내고
이승에 더 머물게 한 것이 잘한 일일까를 생각하면
어머니의 마음을 몰라 찬연히 슬프다

제천을 지나 영월에 들어서니
어느새 비는 눈이 된다

산야는 하이얀 세계로 변해가고
검은 흙마저 하얘졌다

이곳과 저곳이
낮은 곳과 높은 곳이
따스한 곳과 차가운 곳이

그 어떤 알 수 없는 경계선상에서
비가 나리고 눈이 오고 있다

내 마음속의 선과 악을 생각하며
선과 악의 경계선은 과연 무엇인지를 생각하며
살아온 삶의 무게에 가슴을 여민다

기차는 눈을 맞으며
사북을 지나 강릉으로 향하는데
나무들은 온통 눈꽃송이를 터뜨리고
설무(雪舞)는 산골짜기를 타고 하늘로 향한다

우리의 산야가 이렇게 아름다운데
목적지인 신기 환선굴의 신비가 무엇이관데…

인간이 자연의 아름다움에 한 도를 더할 수 있을까?
왜 나는 아름다움을 그대로 보지 못하고
눈도 마음도 닫고만 살고 있는가

다시 기차는 태백을 지나 남으로 향하는데
자연은 다시 눈을 비로 흩뿌린다

눈도 비도 모두 내 마음을 적시는데
그저 한없이 울고 싶다

알지 못할 또 다른 고향을 향하듯이
목적지에 다다르면서 "향수"를 노래한다

내 삶의 끝에서
돌아갈 대지를 향해

*신기 "환선굴"을 갔다 돌아오는 기차에서 꿈에 외할머니라는 분과 외할아버지라는 분이 어머니를 데리고 가겠다는 것을 못 데리고 가게 하고 내내 그것이 잘한 일인지 아닌지 몰라 마음이 착잡했다. 지금은 그때 하늘나라로 데려가도록 할 것인데 하는 후회가 든다. 남들은 이렇게 말하면 불효자라 하겠지만 어머니께서 좀 더 맑은 정신을 가지셨을 때 돌아가셨으면 더 좋았을 터인데라고 생각한다. 나도 정신이 맑을 때 죽고 싶다.

새벽에

새벽바람에
문득 깨어난다

어머니께서 꿈결처럼 바람 속에서
나를 깨우셨다

슬픔이 몰려온다
어머니 당신은 이제 바람이 되셨군요

일어나 몸을 씻고
기도를 드려 본다

그동안의 삶이 얼마나 풍요로웠는지 생각하고
살아온 삶을 반추해 본다

이제 산 날보다 살 날이 더 짧은데
잘 살 수 있을지 가늠해 본다

생각하면 삶은
언제나 풍요롭게 살 수 있었다

바람이 되어 찾아온 어머니께서
다시 한 번 삶을 돌아보게 하신다

남은 삶을 아름답게 살라고
내 마음을 두드린다

누구에게

내가 외롭고 쓸쓸할 때는
누구에게 이야기해야 하나

그 누구 있어
나의 이 마음을 터놓고 이야기할 수 있을까

아침 일어날 시간에 다시 잠들어
꿈속에서 어머니를 보았는데

일어나니 꿈이라
하, 그리 서러운데

어머니
지금은 어디에 계신지요

저는 죽으면
그냥 무로 돌아가고 싶습니다

기쁨도 슬픔도 아무 것도 모르는
그냥 자연으로 돌아가렵니다

살아 있는 날은
최선을 다해야겠지만
정말 죽으면 무로 돌아가고 싶습니다

저는 천국도 싫습니다
물론 천국에 들어갈 만큼 착한 일도 못했지만
지옥도 싫습니다

어머니 죄송하지만
내 사랑하는 것 모두 남겨두고
그냥 무로 돌아가렵니다

왠지 눈물이 나네요
아침에도 눈물이 나더니

내 사랑하는 모두를 너무 사랑하기에
애련에 물들지 않는 무로 돌아가렵니다

II. 가을에

나는 팔월만 되면
가슴이 뛰었다

구월이 온다고
가을이 시작된다고

그리고
그림처럼 가을앓이를 했다

그러나 생각하면
나의 알러지가 가을앓이로 다가온 것이다

사람은 때로는 모를 때가
더 행복하다

나는 아직도
구월을 좋아한다
어김없이 가을앓이도 오고

사실은 "가을에"보다는
"구월의 노래"가 더 어울린다

나는 "구월의 노래"에
"가을에"라는 옷을 입혔다

미련(구월의 노래)

하, 외로운 인간사
고해의 바다에 비는 나려도
이맘때만 되면 그리운 노래 있어

정녕 풀잎에 이슬처럼
바람에 얹쓸려 태양 저편에 사라졌어도
구월이 오는 길목에 서면
가을을 앓는 나는 또 옷을 챙긴다

구월이 오면 언제나
그쯤에서 1년을 뒤돌아보고
노호하는 파도와 같이 밀려오는 (너의) 얼굴

사랑한 것도 모두 세월이 속였지만
그 외딴 산기슭 들국화 되어
끝내 아무도 찾지 않는 들국화 되어

구월의 노래 · 1

언제나 구월을 기다리며 살았는데
그 구월이 왔는데

올 구월에는 오리라던 너의 생각은
가슴에 바람만 인다

왜 너는 그렇게 떠나야 했던가
나를 빗속에 남겨 두고

오늘처럼 그 날도 비가 왔던가
수정 같던 너의 눈물 오늘 또 보이누나

가자 세월 속에 서자
어차피 또 다음 구월을 기다려야 할 터이니

어제는 너와 들녘을 기차로 달렸는데
오늘은 빗속에 내가 서 있다

레테의 연가를 불러야 하리
꽃상여 부여잡고 만가를 불러야 하리

오늘도 나는 노래를 불러 본다
언젠가 돌아올 나의 "영"을 위하여

올해도 구월은
들녘에 이파리 지운 채 겨울로 길 떠난다

구월의 노래 · 2

칠월만 되면 내 마음은 뛰었지
구월이 있었으니까

예전에는 칠월만 되면
내 마음은 벅차올랐지
구월의 노래가 들려왔으니까

그때는 내 마음에 가을이 있었지
구월의 노래와 함께

언제부터인가
나에게 "구월의 노래"가 들리지 않았지

생각하면 어제인 듯싶은데
먼 신화로 남고 말았지

이제 구월의 노래는
구월이 되어도 들리지 않지

무덤에까지도 들리리라 생각했던
구월의 노래는 황폐한 가슴에 묻혀 버렸지

이제금 다시 되살아날지 모르는
그 구월의 노래에 사랑을 보낸다

구월의 노래 · 3

창을 열고 하늘을 무심히 바라보건만
태양에 찌들린 밤하늘엔 구름만 떠 있고
나신들이 이젠 정념에 지쳐 옷을 입는데

창 너머 아파트 한 방의 불빛 사이로
여인의 성숙한 모습이 눈에 잠기고
왠지 서글픈 마음에 바람이 인다

너는 구월이 왔는데도 그만큼 멀리 있고
한 푼의 동전에 영혼을 파는 거리의 악사처럼
나는 환락의 거리를 지나 상념에 잠긴다

사랑이 가져다준 그 숱한 고독의 밤이
높푸른 하늘에 별이 뜨는 구월이 오면
어김없이 가슴에 파고드는 가을앓이

너는 아느냐? 어두움 흐르는 곳으로
바람이 전하는 노래 "영의 노래"
너의 잠자는 창가로 넘치는 사랑의 숨결을

구월의 노래 · 4

겨울이 오기 전에
마음은 벌써 나래를 접다

세월의 흐름과 함께
자연히 찾아든 황폐함인가

차창 밖으로 비 개인 하늘을 바라보며
눈길은 여전히 무표정하다

예전엔 어제와 오늘의 산야가 선명하게 달랐는데
이제는 봄과 가을의 모습도 다르게 보이지 않는다

구월이 오는데, 구월이 다가왔는데
마음은 이미 지난겨울에 얼어붙었다

차창 밖의 비 개인 하늘을 보며
새삼 표정 없는 내 모습이 부끄럽다

다짐(구월의 노래)

구월이 오는 마지막 주일
거리에 뒹구는 썩어 가는 나뭇잎과
성당의 싱그러운 종소리를 듣는다

화사하게 옷을 입던 여름은 지나가고
하나하나 버릴 것은 버리고
다만 안으로만 안으로만 풍성해지기 위하여

해서 이맘때만 되면 나를 부르는 소리
워이- 워이- 메아리 되어 골짜기를 감돌고
마침내 절벽 앞에 딱 마주한다

사십 주야를 광야에서 기도한 후
그 분은 나를 버리고 '신의 아들'이 되었는데
나도 이 구월엔 나를 비우고 나를 채곡채곡 채우자

자기의 적나라한 모습을 그 모습을 조금씩 드러내면서
꿈의 꽃봉오리를 살며시 가슴에 안으며
굳건히 생의 뿌리를 지표에 뻗자

그날이 오면 사랑의 열매를 따서
너의 대지에 사랑의 씨 흩뿌려
삶의 지표가 되게 하자

어느 날 갑자기 폭풍우가 몰아칠지라도
“영의 노래”를 부르자
뿌리째 뽑히지만 않는다면

구월이 오면 · 1

폭염의 거리에 바람이 불면
문득 구월이 손끝엔가 와 닿고
작열하는 태양이 저만큼 멀어진다

아직도 팔월은 그 그림자를 드리우는데
우주의 끝엔듯 내 가슴엔듯 "영의 노래"
구월의 노래 속에 강물되어 흐르고

마음을 스치는 한줄기 외로운 바람에
가을앓이를 준비하며, 삶을 정열하며
아프게 팔월을 삶의 한가운데 세워 본다

생각하면 견고한 고독
외로움은 절대한 분이 준 선물 가슴 가득 고이게 하고
우뚝이 절대 고독에 서야 하리

어두움이 눈을 뜨고, 스치는 바람, 몇 점 구름
별이 아스라이 멀고, 따스한 태양, 인간의 대지
그리고 인간의 대지에 비가 내리고 눈이 나리며

삶은 연인처럼 다가와 거기 마음 한가운데 서고
우주를 떠돌던 “영”도 이젠 그 방랑을 끝낼 때
구월은 그 가슴에 고독을 담고
인간의 대지에 사랑의 노래를
애틋하게 들려준다

구월이 오면 · 2

구월이 오면
나는 죽고 싶다

나는 구월을 앓는다지만
현실적으로도 가을을 감지한다

가을이 오면
나는 죽고 싶다

그리고
마음이 애잔해진다

가을의 서늘한 날씨처럼
슬픔이 스며든다

그런 구월이 오고 있다
가슴이 뛰던

그러나 이젠
가슴에 아무런 감정이 없다

나는 죽은 목숨이다
나는 살아도 죽었다

구월이 오면
나는 나의 예전의 감정으로 돌아갈 수 있을까

아니
돌아가고 싶다

"구월의 노래"를 부르러
"영의 노래"를 부르러

구월을 보내며

어떤 가수의 구월을 보내며
못내 아쉬움에 그 시작을 돌아보건만

계속되는 궂은 비 뒤에
하늘이 더욱 높아지고 푸르르건만

이 구월도 해마다 그러하듯이
낙엽을 몰고 시월의 바람 속에 엎쓸리고

너는 언제나 구월과 함께 가을을 다하고
또 다시 올지도 모르는 구월을 기다리며
겨울의 눈 속에 사라진다

오라! 이 구월이 다하기 전에 내 너를 맞으리니
북극의 성좌가 그 빛을 잃기 전으로 오라

꿈이란 한 번으로 족하고
삶도 두 번은 싫으리니 이 붉은 마음이 식기 전에 오라

사랑이란 본시 강물 흐르는 것이매
세월이 강물 흐르면 슬픔의 바다를 건너 함몰하는 것

오라 어서 오라 내 너를 맞아 현재에 머무를 수 없으리니
내 기다림에 지쳐 고추잠자리가 된 후에
네가 온들 무슨 소용이냐

너를 기다리는 동안은
애틋함 속에도 찬연한 행복이 있겠으나
이 구월이 가면 나도 이제 푸르른 잎을 땅 위에 뉘이리니

나를 사랑하여라, 너의 아름다운 "영"을 위하여
너의 가장 맑고 고운 마음의 알갱이로

가을인가 보다

저 황금빛 바람이 부는 걸 보면
가을이 옆을 스치나 보다

그 무덥던 열사의 바닷가에
벌써 단풍이 물들기 시작하다니

구월이 오면 울고 말리라던 순수함이
술집의 회전 불빛 아래 허전하다

이젠 다시 올 구월은 오지 않고
아무리 통곡해도 별이 바람에 스치운다

자, 그래도 아직은 가을의 시작
가을앓이를 하여야지

병을 앓아야만 건강의 소중함을 알겠거니
나 너하고 잠시나마 나그네이고 싶다

너 그만큼에 서서 날 지키지만
영원을 향하는 멀지도 않은 평행선

별이 밤에 바람 속에 추워하는 걸 보면
이제 가을인가 보다

영아! 밤으로 춥구나
나의 유일한 열기 가슴으로 오라

저기 알지도 못하는 곳에서 들리는 소리
진정 가을 풀벌레 소리인가

어제가 여름인가 했는데
가을도 이제 한창

내 사랑 영이여!
이 가을로 나에게 오라

삶에 다시 봄은 오지 않으니
지금은 가을 어서 오라

이 심장의 열기가 식으면
네가 달려온들 무엇하리

낙엽은 더 이상 바람에 휘날리지 않고
내 우주는 온통 숨을 죽이고 기도하리니

영! 그때사 네가 와 기도한들
내 우주엔 흙이 덮이고

네가 별을 쓸어 모아 뿌려 준들
내 우주는 온통 무덤뿐

영! 저기 시월이 오기 전에
내 가슴에 있으라

결코 내 영토가 흙에 덮여도
영! 너 내 단 하나이도록

가을 노래

가을엔 사랑해야 하리
설령 미워했던 것까지도

가슴속 깊이 밀려오는 이 고독을
당신이 조금만이라도 감싸 줄 수 있다면

사랑도 세월이 가면 퇴색하는 것을
마음 깊이 새겨 두지 않으면

언젠가 꼭 한 번 오리라던 그 사랑은
사랑이기도 전에 퇴색되리라

가을엔 나아가 맞이하리
가슴을 열고 언제든지 들어올 수 있게

닫고 살면 그만인 줄 알았는데
왜 그리 틈이 많은지

또 다시 퇴색해 버릴지라도
한 편의 "시"를 써야 하리, 오직 그대만을 위해

가을앓이

밖에 비가 옵니다
비도 잠시뿐 바람이 붑니다
잠시 전만 해도 하늘이 맑았는데

비가 와서 너무도 행복합니다
바람이 불어서 좋습니다
그 맑던 하늘도 사랑스럽구요

비가 와서 우울합니다
바람이 부는 것도 을씨년스럽구요
하늘이 너무 맑은 것도 또한 싫습니다

카인의 아들은 어둠을 사랑합니다
피로 얼룩진 땅덩이에서 어쩌지 못합니다
모든 것이 당신의 뜻이었으니까요

여기에 새로운 한 장이 펼쳐집니다
가을 날씨 같은 세상에서 오직 한 가닥 희망
그것마저도 가을앓이인가

가을엔 하늘이 너무 높아 눈물이 핑 돌고
연인들의 팔짱도 쓸쓸해 보이니
바람에 엎쓸리는 낙엽만 거리에서 소리할 뿐

세상에 변하지 않는 것이 무언가
이렇게 가을앓이로 마음이 꿰뚫려도
오롯이 떠오르는 당신의 사랑

가을에

시가 쓰여지지 않는데
가을밤은 깊어만 가고

애련한 후배의 편지에 붙여
어두운 들녘에 서 본다

지평선 너머에 눈물 머금은 소녀
애틋한 마음 감싸 주는 바람 불어오고

혼자라는 외로움에 옷깃 여미고
그 최초의 신비에 귀 기울인다

이렇게 뉘 있어 두 손 모두우게 하시는가
뒤돌아보면 밤만이 자리 하는데

오호이 오호이 불러 보건만
외침은 빈 골짜기를 달려간다

이 가을엔 시를 써야 하리
단 한 분을 위하여

어두운 들녘에 꿇어앉아
눈물 지우며 기도하는 당신의 등불이 되도록

겨울비

겨울이 오라고
겨울이 온다고
가늘게 속삭이는 아우성

첫눈도 내리고
바람도 제법 매서워졌는데

아직은 초겨울
가랑비는 나리고

벼 베기가 끝난 들녘에
베인 벼포기만 황량하다

몇 마리의 까치가 들녘을 가로질러
기쁜 소식을 전하려 훼 저어 가는 그곳으로
내 마음은 계속해서 따라가고

자칫 일상의 반복에 지친 어깨 위에
촛불 밝혀 준다

떨어져 뒹구는 낙엽과
떨어질 잎사귀를 달고 있는 나무들
그것을 바라보는 눈

모두다 겨울을 준비하는데
하느님! 당신도 겨울을 준비합니까

냇물 위에 떨어지는 빗방울
철로 위에 떨어져 고인 빗물

황량한 겨울은 시작되는데
사람의 삶은 한 번 가면 다시 못 오는데
계절은 왜 다시 오는지

못내 그것이 서러워 울고 싶은
초겨울 어느 한때

“옥”에게

아직도 구월을 사랑하는지
당신은 구월을 무척 사랑했었지
이렇게 세월이 지난 지금도
당신은 팔월이면 구월을 기다리는지

“옥”
이제 나도 잊어버렸겠지
이렇게 세월이 흘러버렸으니까

아니 아니
세월이 흘러버려서가 아니라
바람이 불어서

그토록 나 아니면
죽을 것 같던 그대가
이제 아무리 옆에 서 있어도
바라다보지를 않으니

나만을 죽도록 사랑한다던
그대를 이제 나만 바라다보는

"옥"
구월이 왔어
당신이 좋아하는
아니 일 년을 기다리는

당신이 구월을 사랑해서
나도 좋아하게 된
이 구월을 이제는 나만 바라다본다

가을은 그렇게 왔는데
당신의 상상 속에서

아직 낙엽이 떨어지지도 않았는데
당신은 낙엽 속을 거닐고 있었어

생각하면 먼 옛날도 아닌데
전설은 이렇게 탄생하나 봐
기다림처럼

그대 사랑이 얼마나 큰지
나의 사랑이 얼마만한지

그때는 몰랐었는데
이제는 내 사랑의 무게는 알 것만 같은데
당신의 형체를 느낄 수 없으니

아무리 다가가도
다가가지 못하는 당신
오늘 구월이 왔는데
그대는 아직도 구월을 사랑하는지

그대는 아직도 구월을 사랑하는지
내 옆에 있는지
아니 그대 안에 내가 전부인지
내가 그대 안에 온전히 있는지

구월이 왔는데
우리가 사랑하는 구월이 왔는데
푸르름 속에 가을이 묻어나는

바람이 가을을 노래하고
전설처럼 가을앓이를 하던 나의 당신

사랑합니다
구월을 사랑합니다
당신이 거기에 있기에

— 이것은 내가 "영"의 입장에서
나에게 쓴 위로의 글이다

가을의 전설

여름에도
가을을 꿈꾸고 있었다

따스한 햇살이 비치는
여름 바닷가에서
저편에서 밀려오는 가을 냄새를 느끼고 있었다

아니, 봄에도
가을은 묻어나고 있었다

목련꽃 속에서
꽃봉오리처럼 솟아
대지를 향해 뻗쳐 오고 있었다

가을의 전설은
기억 저편에서
이미 준비하고 있었던 것 같다

알 수는 없지만
이 밀려오는 느낌이
가을의 전설을 들려주는 것이 아닐까

III. 어두움

나는 기차 차창을 통하여
어둠 속에서 어둠을 보는 것을 좋아한다
어두움은 모든 것을 감싸 안는다

지금도 어두움을 좋아한다
삶이 불행해서가 아니라
거기에는 포근하게 감싸주는 아름다움이 있기 때문이다

혼자 있기를 좋아하고
건강하지 못했던 소년이
어둠 속에서 자유를 느꼈는지도 모른다

지금도
어둠 속에서 어둠을 바라보며
무한한 자유를 느낀다

북 창

밤이면 눈을 들어
그 하나 별을 바라봐요

아무리 인간이 사랑하여도
외롭기는 마찬가지인 것을
그 성좌의 외로움을 느껴 봐요

타인들의 태양의 거리를 지날 때도
나는 북극의 어두움을 응시해 봐요

결코 빛나는 거리만이 거리가 아니기에
바람은 야녀들의 거리도 지나가요

(만약 내가 집을 짓는다면
북으로 창을 내겠오
눈물이 핑 돌도록 별을 바라보게)

북창엔 언제나 슬픔처럼
그만큼에서 영롱한 눈물 방울 하나 걸려 있을 거예요

길 위에 서다

삶의 길 위에 서서
갈 길 몰라 한다

세상이 하도 험하여
아이들의 영혼이 다칠까 걱정이다

삶의 길 위에 서서
갈 길을 찾아본다

길은 많은데
아무 것도 보이지 않는다

내 나이가 몇인데
아직도 길을 찾지 못할까?

나는 알고 있다
단 한 가지만을

내 삶이 끝닿는 시점에서
길이 열리리라는 것을

눈을 감으니
또 다른 세상이 보인다

삶도 죽음만큼 아름다운 것일까
죽음이 삶의 연장일까?

55년의 세월 속에
아직도 여러 갈래 길 위에 서 있다

거 리

여자들의 시끄러운 소리가
가슴에 선을 긋고 지나가는 것을 보면 난 남자인가 보다

시끄러운 소리와 이성의 자지러진 웃음은
무엇이라 토하고 싶은 충동을 일으키는데

이렇게 무수히 많은 길 중에서
가야 할 길이 어디메이기에

(어쩌면 내가 가는 길은 너무나 단순한지 모른다)

나를 몰고 온 열정의 바람이 불지 않을 땐
쉬고 싶다는 생각뿐

삶의 그림자는 길에 연하여 보이지 않고

거리에 서 보면
사자의 그림자를 안고 사는 사람들 속에서
너는 어떤 의미를 전하여 주나니

어두움이 찾아올 때면
폭풍우 몰아치는 거리에 서라

방 랑

끝이 어딘지도 모르고
또 훌쩍 떠나오다

이 철도가 끝나는 곳이 내 본향일까?
또 어떤 바람으로 기차를 타다

끝내 되돌아갈 타향을 두고
또 다른 타향을 못내 끼웃거리다

반 고개를 살아온 삶 속에서
내가 배운 것은 얼마나한 부피일까

절반을 바람에 맡기고
마음의 고향을 찾아 방랑하다

여기 차창에 앉아 어두움을 응시하지만
차창 밖엔 하현달만 걸렸을 뿐

오우! 오우! 불러 보건만
북극의 성좌 나의 별은 아스라이 멀고

그보다 더 먼 우주 공간에
어머님의 얼굴이 어렴풋하다

이렇게 기차를 타고 떠나오면
책상을 응시하던 “영”은 어디로 가나

알 수 없는 심상을 하고
너는 또 어디를 헤매이느냐?

사랑하고 싶다는 그 모진 추상들이
심연의 강 되어 흐르는데

그 긴 방랑을 멈추기 위해
모든 것 다 벗어 버리고 길 떠난다

하루가 진다

하루가 진다
어둠은 소리도 없이 다가와서
나를 포근히 감싼다

어둠의 자식
빛보다는 어둠을 좋아하는

그러나 그것이 어쨌단 말인가
그래도 밝게 살려고 하는데

인생은
그 누구도 무엇이라 말할 수 없다
모두 다 그 자신만의 것이므로

이 세상에
행복만을 느끼고 사는 사람은
아마도 바보이거나
타인을 조금도 돌아볼 줄 모르는 사람일 것이다

나도
옆에
타인이 있는데
이런 글을 쓰고 있으니
어쩌면
타인을 생각하지 않는 행동인지 모른다

모른다
나도 모른다
그러나
나에게는
그냥
아무 생각 없이 가는 것은
견디기 힘든 일이다

이렇게
무엇이라도 쓰는 것이
좀 더 행복하다

어스름

한때는 어두움이 그리도 좋았지!
그랬지

그 어두움 속에서는
언제나 내 자신이 자유인임을 깨닫고는
어두움을 부여잡았지
그랬지

그렇게 한참을 있노라면
소리도 없이
빛깔도 없이
너는 어김없이 나를 응시했지
그랬지

그랬어
너는 언제나 거기에 있었어
내가 삶에 찌들릴 때나
내가 기뻐할 때
너는 어김없이 거기에 있었지

오늘도
이렇게 기차를 타고 가는 길에
나는 어두움을 응시하다가 너를 보고 말았지

언제나
일기를 쓰다가도
스치듯 사라지던 네가
어두움이 찾아오자
또렷이 솟아오르고 있었지

그랬지
너는 그렇게 나타나곤 하였지
나의 감정 속으로
나의 느낌 속으로

슬픔처럼
기쁨처럼
눈물처럼
웃음처럼

나는 네가 있어서 행복했지
거기에는 언제나 슬픔 같은 것이 배어 있지만
그랬지
언제나 거기엔 슬픔이 같이 했지

아무리 행복이 밀려와도
다른 한 끝에선 슬픔이 밀려왔지
그 무게의 차이를 잘은 모르지만

그러나 나는 그것을 행복이라고 말할 수 있지
그래도 그만큼의 행복을 어디에서도 얻을 수 없으니까

오늘 같은 날
피곤 속에도 행복은 있었지
네가 나를 응시하는 눈을 느낄 수 있었으니까

아무도 볼 수 없는 눈
나만이 느끼는 눈
그 눈
"영"

안 개

내 눈에 희뿌연 생각만 남기고
발자욱도 없이 길을 떠나는 너

아련한 슬픔 속의 눈물 자욱은
자욱 자욱이 네가 남기고 간 발자취

정리하지 못한 생각들은 쓸어 모아
가슴 한구석에 차곡차곡 쌓아 본다

바람이 불어 조각들은 흩어져 휘날리고
내 머리엔 희뿌연 안개만이 어른거린다

언젠가는 이 안개도 태양과 함께 사라지겠지
또 어디메서 너는 나에게 다가올 터인가

어둠이

어둠이 대지를 덮을 때
나는 호곡 소리를 듣는다

그대 울지 마라
나의 마음도 울고 있다

그대와 나의 차이는
차이라고 생각하는 차이뿐이다

나는 눈물 없는 울음을
그대는 남의 심금을 울리는 소리를

그렇게 서로가 다르게 울고 있을 뿐이다
슬픔의 정도를 알 수 없이

그대는 그대의 슬픔이 크고
나는 나의 슬픔이 크다고…

멀리 차창 밖으로
불빛이 선명하다

우리는 서로 다른 세상에서
다른 방법으로 슬퍼하고 있다

어쩌면 우리는
슬픔의 종류도 다르리라

기차는 계속해서 달리고
긴긴 겨울밤은 깊어만 간다

우리에게 누가 슬픔을 주었던가
깊은 어둠처럼 그 끝을 알 수 없는 슬픔을…

옷깃을 여미는 추위는
슬픔마저 서성이게 만드는데

어느메쯤 근원에 숨 쉬는 우리의 슬픔
당신은 거두어 가시렵니까?

어둠 속에서

어둠 속에서
나는 어둠을 본다

어둠 속에서 빛을 기다리듯
나는 그 너머의 어둠을 들여다본다

어둠 속에서 더 큰 어둠을 찾을 순 없어도
어둠 너머에 더 큰 어둠은 있을 것이다

어둠 속에서
나는 빛을 본다

어둠 속에서 보는 빛은
빛 속에서 보는 빛보다 훨씬 밝게 보인다

어둠 속에서 빛을 들여다본다
내일의 벅찬 감격을 살며시 엿보듯이

어둠의 자식은 어두움이 두렵지 않지만
어둠 속에서 밝게 비치는 빛도 두렵지 않다

어둠의 자식은 그저 어둠 속에서
더 큰 어둠이 있어도, 더 큰 빛이 같이 하여도 행복하다

새벽에 일어나

어두움이 내려앉은 새벽에 일어나
나는 행복합니다

거기에는 어두움이 있어서 좋고
어두움을 응시하는 내가 있어 행복합니다

행복은 거창하게 오지 않습니다
어둠 속으로 살며시 스며듭니다

어두움이 감싸는 새벽에 일어나
그대를 생각합니다.

언제 어디서나 있는 그대는
지금 이 시간에도 나를 설레이게 합니다

언제나 함께하겠다던 그대
언제나 나도 그대와 함께합니다

그럼에도 불구하고 이 시간처럼
그대만을 생각할 수 있는 시간은 없습니다

행복합니다
그리고 이 시간을 사랑합니다

낮에 나온 별

낮에 별을 보았다면 누가 믿겠는가?
나는 어느 날 깊은 산속 마을에서
낮에 별을 보았다

천지개벽이 일어날 것 같던 날이 지나고
계곡에는 물이 넘쳐나고
계곡과 계곡을 이어주던 다리가 모두 유실된 그때에
나는 구름 사이로 낮에 별을 보았다
딱 한 번!

그 후에도
나는 낮에 종종 별을 볼 수 있나
흐린 날에는 하늘을 쳐다보는 버릇이 있다
그러나 그 후에 한 번도 별을 보지 못했다

왜일까?
나는 알고 있다
낮에 별을 볼 수 없는 이유를

그것은 내가 이미 순수한 마음을 모두 잃었기 때문이다
이후에는 앞으로도 별을 볼 수 없겠지
그래도 낮에 구름이 끼면 하늘을 쳐다볼까?

*1987년 여름 어느 날, 나는 분명 보았다. 설악산에 갔을 때 폭풍우가 몰아쳐 다리가 끊기고, 막장 구름 사이로 낮에 별을 보았다. 분명 별이었다. 아무도 믿지 않을지라도 나는 분명 보았다. 구름 사이로 별을.

가장무도회

태양을 우주 저편에 보내어 봐요
달도 지구의 반대편에 있게 해요
그리고
마지막으로 하늘에 구름을 뿌려 봐요

자, 이제 어두움만 있게 해요
그대 거추장스러운 옷을 벗어요
나 허례의 옷을 벗어요
이제 어둠만이 존재해요

그대 팔을 뻗쳐 내 목을 끌어 안아요
내 손을 들어 그대 젖봉우리를 어루만지게
그리고
이대로 잠시만 있어요

어둠만이 자리해요
그대의 젖봉우리가 보이지 않아도 그대를 느껴요
이제 우리 손을 거두어요

어둠 속에선 눈을 떠도
어둠만이 휑하니 자리해요

이제 마음의 문을 열어요
마음이 눈을 뜨며
사랑이 샘물 솟아요

어둠 속에선 어둠만이 보이지만
안으로 향하면 마음이 눈 떠요
그리고
이대로 잠시만 있어요

자, 이제 다시 일상을 위하여
태양도 달도 모으겠지만
그러하면 다시 허례의 옷을 입겠지만
어두움 속에선
우리는 언제나 나 자신으로 돌아가요

*사람은 일탈을 꿈꾼다. 그러나 사람만이 실질적인 허례허식을 가진다. 그것이 동물과 사람을 차이 나게 하는지도 모른다. 물론 요즈음은 탤런트들도 동물에 가까운 사람일수록 더 유명하다. 시대가 변했다.

아디오스 내 사랑

고개를 하늘로 향하고
입가에 미소를 흩날리며
아디오스 내 사랑

마치 이별이 식사하듯 쉬운 듯이
이른 새벽에 상큼한 기분으로 등산하듯
아디오스 내 사랑

별들을 쓸어 모아도
바람을 불러 모아도
전해 줄 이 없는 새벽이 오리니

춤을 추어야 하리
강가에 종이배 띄워야 하리
아니 아니 하늘에 초승달 띄워야 하리

사랑은 한 번 가면 오지 않음에
이 삶에도 밤이 오겠기에
아디오스 내 사랑

처음부터 밤이 친구였기에
태어날 때부터 어둠이 함께했기에
어두움에 묻히며 모두가 감추이는 것을

아무리 사랑하여도 어둠 속에선 보이지 않는 것을
아무리 몸부림쳐도 어둠이 삼켜버리는 것을
더 큰 사랑을 위하여 안녕 내 사랑

안녕
아안녕
안~녀~영

어떤 죽음

(삶의 무거운 짐에 짓눌려 눈감은 성아에게)

그토록 살고 싶었기에
오직 이 길을 택했습니다

선을 그으며 허공을 가르는 별똥별을 보며
삶의 아름다움에 장독대 뒤에서 많이 울었습니다

눈물이 방울방울 장독대를 채우고
약을 먹는데 따로 물이 필요 없었습니다

그렇게 좁은 방에서 잠이 들기엔
세상이 너무나 넓었습니다

가엾은 가족에 대한 슬픔이 가슴에 벅차
마지막 보는 막내 동생은 정말 눈물 그 자체였습니다

이 내 사랑하는 가족들을
어떻게 이렇게 외로운 지구에 남기고
가슴 아프게 별똥별이 또 선을 그으며 내려앉습니다

당신 그리스도의 힘으로도 이 소녀의 아픔은
죄라고 할 수 없었습니다

이 가난한 소녀의 자살이 당신은 죄라지만
내 삶은 지옥보다 더 무거운 짐이었습니다

희망이란 단어도 결코 절망이란 단어를 이기지 못하고
사랑이란 단어도 허공을 맴돌 뿐

내 가족을 너무 사랑했기에
더 잘 해줄 수 없음은 절망이었습니다

의식이 이젠 흐려지는데 가엾게도
막내 동생의 슬픈 얼굴이 가슴 아픕니다

북극성은 여전히 겨울바람을 시원스레 살랑거리는데
우주에는 쉬어 갈 정거장이 없습니다

저렇게 아름다운 우주 속에서
내 소우주는 왜 분해되려는가

짐스러운 육체가 꺼져 가는데
정신이 육신을 벗어나려 하는데

순간순간 죽고 싶었지만 이렇게 죽고 싶지는 않았는데
끝까지 여섯 식구의 팔이 되어 주고 싶었는데

내 사랑하는 것보다 세상의 무게가 더 무거워
"당신들을 사랑했노라" 한마디도 죄송스러워

"용서하셔요, 미안합니다" 마지막 이 말뿐
영혼이 육신을 떠나는 시간입니다

*기사를 읽고 쓴 시이다. 병원에서 보조 일 등을 하면서 집안의 생계를 책임지던 이 "성아"라는 아이가 장독대 뒤에서 죽었다던 기사였다. 죽을 때 남긴 글에 가족과 동생에게 미안하다고 했다는데 얼마나 힘들었을까를 생각하며…

Ⅳ. 그리고

많은 "시"가 있었다
그 중에서도 가족이 고른 시
그 중에 장르를 구분하기 어려운 그런 "시"
갈 곳 몰라 하는 시를 모았다

그래서
다음 시집을 위한 징검다리로 삼았다

그 나름대로의
빛을 발하는 "시"

모든 것은
내가 거기 다가갈 때
그 빛을 발한다

나의 "시"도
그가 나의 마음이 되어 줄 때
그 사람에게로 다가갈 것이다

모래시계

긴 줄만 알았던 인생이
이 모래시계의 끝이라니

생각하면 그 먼먼 여정이
벌써 이쯤에 와 있었다니

내가 벌써 사는 날보다
그 너머에 죽음을 생각하다니

유리 속에 갇혀 있는 모래시계
죽음을 노래하며 떨어지는 모래

삶이 끝없는 줄 알았는데
너무 길다고 삶을 한탄했는데

이제라도 잘 준비해야지
마지막 떨어지는 모래를 위해

모 기

(부제 : 기도)

모기로 태어나
신이 모든 생명체에게 부여한 단 하나
종족 번식 본능에 부응하여

여기 당신의 피를 빌립니다

신은 모두 번성하라고 만드셨는데
살아야 한다는 대명제 앞에
번성하고픈 무의식의 세계에서

여기 꼭 필요한 것을 가져갑니다

죄송한 마음이야 하늘만 하지만
당신의 너그러운 자비를 구하며
그래도 생명이고져 빚어 준 신께 감사드리며

여기 물보다 진한 생명을 원합니다

내가 태어난 곳은 말구유보다 더 더러운 시궁창이기에
그 분보다 더 거룩한 꿈을 꾸었고
사십 주야를 시베리아에 서 보았건만

본능은 본능을 낳고
나의 암컷은 수컷을 불러들이고

자연의 섭리는 위대했기에
여기 모정만은 어찌할 수 없어
진한 당신의 생명력을 나누어 주시기를

진정 생명이고져 했을 뿐입니다

*유일하게 정말 오래된 시다. 어쩌다 남아 있던 다른 시들보다 훨씬 오래된 "시"

만 남

긴 세월이 얼마나 긴지는 몰라도
사랑이 얼마나한 깊이인지는 몰라도
모든 것이 이루어진다는 그 자체는
만남과 만남의 연속이겠거니

결국 인생은 우연한 기회와
만나려는 그 마음의 자기만의 운명과
거기에 순명하는 자세가 필요한 것이매

눈을 감고 하늘을 향하여 두 손 모으고
내 만남의 사람과 삶을 생각해 볼 수밖에

너와의 만남도 이 무수한 공간의 한 작은 점이었거니
그리고
영겁의 세월 중 한순간이었거니
순간을 영겁으로 흐르도록 여기 생각을 모두나니

"그대"라고 말할 때
난 가장 뜻 깊은 삶의 의미를 가졌으매

끝없이 사랑하며…
그리고
사랑 받지 못하는 날에도
푸르른 하늘에 싱그러운 바람이 되자

너에게

내가 나인 것은
네가 나일 수 없는 것과 상통한다

어두운 골목에서
두려움에 떨며
밝은 하늘 아래
부끄러움에 고개 숙인

그냥 마냥
아무 말이나 지껄여 본다

삶이 무엇이길래
대관절 무엇이기에
자꾸 의미를 부여하려 하는 것이
자신에게 부담스럽다

햇빛 밝은 거리에 누워
마냥 잠들고 싶다

아직 강의도 하지 않았는데
벌써 마치고 돌아오는 사람처럼
온몸이 무겁다

그래도
삶에서 가장 기쁜 것은
무어라고 지껄이는 이 시간

영원이 아니더라도
우리는 영원을 지향하며 산다

그날이 오면
모든 것이 무로 돌아가겠지만
그래도 살아 있는 이 순간
행복하여라

오늘이여

바람이 불어와 어제는 휘날리고
오늘도 또 바람이 불겠고
또 내일도 바람에 휘날리겠지만

그대 어디메 먼 훗날에
기억할 수 없는 망각이 찾아와도
벌판에 바람은 불어오겠고

긴 여로에서 흰 구름 한 점 떠가고
내가 그려 놓은 저 하늘의 조각달
뉘라서 띄워 저어 갈 것인가

소나기 한 점 내리게 하시고
눈물 한 방울도 떨어지게 하여
아름다움이란 결코 기쁨만 아님을 깨닫게 하시고

먼 여름 바닷가
그 열사의 몸부림을
조금은 농부들에게 나누어 줄 수 있게 하시고

자, 가장 중요한 것은
목마른 모든 이에게
풍성한 단비를 내려 주소서

불안의 초상

그건 분명히 어두움이었다
혀를 날름거리는 불꽃이 방황하는
거리를 걸어가는 사람마다 꿈틀거리는 독사를 물고
시체 같은 몸뚱아리엔 버러지들이 우글거린다

냇가엔 폐수로 고기가 떠서 썩고
시큼한 냄새가 다리 밑으로 길을 따라 올라오고
죽은 자의 악령이 소리치며 건물 건물을 메우고
이윽고 죽어야 할 자들이 시체를 뜯어먹는다

그래도 살아야 한다는 생각에
죽어야 할 자들은 서로의 몸에 피를 빨고
마지막 한 사람의 피까지 모두 빨아먹고
죽은 자가 산 자의 머리 위에 군림한다

가자, 피가 있는 곳이면 어디든지
죽어야 할 자가 있는 곳이라면 어디든지
죽어야 할 몸이기에 시체를 뜯자
살아 있는 동안만은 살기 위해

혀를 날름거리는 어둠만이
나를 따라 이 세상 끝까지 그림자를 드리우리니
떠도는 해골의 고향을 찾아
영혼이 그리움처럼 맴도는 해골산에

세 월

사랑했던 사람도
고향 길 언덕도
세월 따라 가버렸다

그러나 문득 문득
또렷이 떠오르는
그 사람 그 언덕

내가 죽을 때쯤엔
더욱더
그리워질 그대 언덕

성에 낀 차창 밖으로
아무 생각도 없이
가슴 시리다

왜 삶은
벅찬 가슴보다
가슴 시린 일이 더 많은지

따스한 마음으로
찾아올 고향 언덕이
인연을 끊기 위한 길이기에

이제금
털고 일어나면
생을 다하기 전
다시 올 것인가

세월 앞에서
모든 것이 무력하지만
다시 언젠가 찾아오리란 생각

떠나노라

가노라
나는 가노라
아주 가노라
모든 것 떨치고 나는 가노라

누더기 가슴을 하고
찢기운 옷을 입고
때 묻은 육신을 하고
나는 가노라
떠나가노라

붙잡는 이 없어도
섬섬옥수 뿌리치고
새벽을 깨치고
가노라
모든 것 떨치고 가누나

사랑하던 사람이여
사랑하던 사람이여

떨치고 나는 가노라
내 손을 붙잡아야 하리
옷소매 부여잡아야 하리

그래도 가노라
부여잡지 않은 손일망정 뿌리치고
나는 가노라
돌아오지 못할 곳으로
별도 달도 해도 뜨지 않는
어둠만이 맑게 눈 뜨는 곳으로

온통 하이얀데

눈 내린 산야는
온통 하이얀데

기차는 들녘을 달리고
인간의 마음은 그지없다

거기 뉘 있어
이런 풍경을 그렸는가

낭구 위에 내려앉은 눈송이가
꽃보다 찬연하다

새삼 또 다시
인간사에 가슴을 저미며
하이얀 세계에 묻고 싶다

집 앞에 나선 아낙이
멍하니 기차 지나는 들녘을 바라보고
일단의 참새들이 창공에 있다

눈 덮인 산야를 바라보니
인간의 복잡함이
뼛속까지 서럽다

나는 왜 인간으로 태어나
자연처럼 살지 못하는가

만감이 교차하는 기차 속에서
창 밖의 자연같이 되고 싶다

기차여행

오랜만에 기차를 탄다
여행을 위해

가슴 설레이게
옛날이 밀려온다

그 언젠가 이 길은
내가 스쳐 지나간 길

대전에서 강릉까지
굽이쳐 한 길로 연결되었다

내 삶의 시작과 끝도
어찌되었든 한 길로 이어지리라

옛날에 대한 그리움
미래에 대한 내 모습

나는 나를 나처럼 살아갈 것인가
알 수 없는 미래에 대한 슬픔
현재에 대한 안타까움

내일의 기차 여행을 꿈꾸며
오늘 가슴 시리다

이 여행이 나를 찾는 여행이길
또 다른 나에게 빈다

차창 밖으로

제비 한 마리가 휑하니 지나가는 풍경을 따라
마음은 허공을 떠돈다

언제부터 나는 나를 잊었고
언제부터 다시 나를 추스렸던가

다시금 대자연에 입맞춤하고
바람 따라 들판에 서본다

풍성한 가을 벼가 스치고 지나고
워이! 워이! 참새몰이도 해본다

농부의 아들로 태어나
농토를 다 자연으로 보내 버렸다

도시의 빌딩 사이로 하늘이
한 조각 천보다 적게 보였다

스치는 바람 속으로
백로 한 마리 나래짓하며 지나간다

나는 다시 심호흡을 하고
나를 잊고 나를 찾아본다

창으로 가을 하늘은 푸르르다
이제 낙엽이 지리라

집에 가고 있다

나는 지금 집에 가고 있다
그리움을 안고 집에 가고 있다

시를 쓰는 사람도
소설을 쓰는 사람도 모두 다
그리움이 없다면
고독이 없다면
글을 쓰지 못하리라
그런 생각을 해본다

어찌된 생각인지
내용도 정리가 안 되고
글도 엉망으로 엉킨다
세상에는 엉키는 일이 많다
그렇게 살고 싶지 않지만
나도 모르게 엉키는 수가 많다

나의 삶도
엉켜 있다
나도 올바른 사람은 아니다

그러나
성인이 된들
존경받는 사람이 된들
무슨 소용인가

아름답게 살다가 가리라
그렇게 살다가 가리라

하늘을 보며

구름이 걷히며
별이 보일련가

인간이 살지 않았던 먼 옛날에는
무엇이 이 지구를 지배했을까

이 지구는 언제 생겼으며
누가 만들었을까

이 우주는 언제 태어났으며
누가 이 우주를 지배할까

설령 이 우주를 누군가가 만들었다면
그 누군가는 누가 만들었을까

꼬리에 꼬리를 무는 의문은
의문으로만 남을 뿐

우주의 신비는
복제 인간이 나온다 해도 모르리라

나는 오늘도
의미 없이 하늘을 올려다본다
생각도 없이

나는 요즈음 무엇으로 사는가

알 수 없는 미로에 서서
무엇인가 급히 찾고 있지만
그 무엇인가를 알지 못해
아직도 나는 찾고만 있다

내가 찾고 있는 것은 무엇일까

초조한 마음을 하고
머리를 쥐어짜고
가슴을 쓸어내리고
고민에 고민을 하고 있다

나는 무엇을 하고 있는가

이곳이 어디이며
나는 무엇이기에
생각 없는 생각을 하며
이렇게 방황하는 것일까

나는 어느 한 시점에서 정지해 있다

Emotion

불같이 타오르던 너의 상념도
세월은 말 없이 씻어 가고

죽어야 한다는 그 모진 고정관념도
세월은 삼켜버렸다

이제 모든 것이 끝났다고 생각하는 시점에
"영"은 햇살 지으며 포근히 다가오고

또 다른 네가 우뚝 솟아옴은
사랑 없인 사람이 살 수 없음인지

보리수 밑에서 무를 깨닫던 석가도
한 생을 사랑에 집착하였고

어느 날 갑자기 사랑을 잃어버리면
죽음이라는 병은 필연적으로 찾아오는데

해서 인간은
자그마한 사랑이라는 실에 얽히고

마음의 평화

나의 평화를 너희에게 준다
편안하여라

나의 험난한 삶은
마음의 평화가 지켜 주었다

언제 어디에 있어도
나는 야훼가 함께했기에
언제나 평화로웠다

너희에게 평화를 주노라
하느님이 나에게 평화를 주었듯이

너희에게 평화를 주노라
세상이 더욱 험난할수록
더 큰 평화를 너희에게 주노라

모든 것이 혼돈 속에서 태어났으므로
불안은 인간의 본성

너희에게 평화를 주노라
하늘을 나르는 새를 보라
집을 가지지 않아도
먹을 것이 없어도
걱정하는 것을 보았는가

바로 이 순간에 평화가 있으라
내일 일을 걱정하지 말고 이 순간을 사랑하라

내일은 내일이 되면 오늘이다
오늘 이 순간 평화 있으라

내가 이 땅에서 마지막 남길 말도
너희에게 평화 있기를

내가 천상에서도 너희에게 줄 말은
마음의 평화를 가지라

평 화

평화는 진정 대지 위에만 내리는 것

그대 안식을 찾으나
이 세상 그런 곳이 없기에
너에게 나의 아픔을 전한다

삶이란 본시 뜨거운 것이기에
그 불덩이를 식히지 않는 한 평화는 없는 것

본시 아름다움이란 뜨거운 가슴에 있기에
촛불처럼 산화하는 것

하여 일시에 평화가 찾아오는 것